AF582922

# Bienestar en medio del caos

Fabrizio Bustamante

EDIQUID

BIENESTAR EN MEDIO DEL CAOS



Editado por: Corporación Ígneo, S A.C.
para su sello editorial Ediquid
José Olaya 169, Ofic. 504, Miraflores. Lima, Perú
Primera edición, noviembre, 2024

ISBN: 978-612-5184-10-8

Hecho el Depósito Legal en la Biblioteca Nacional del Perú N° 2024-11467

www.grupoigneo.com
Correo electrónico: contacto@grupoigneo.com | Teléfono: +51 955 071 270
Facebook: Grupo Ígneo | X: @editorialigneo | Instagram: @grupoigneo



Colección: Integrales

*A mi mamá, Cecilia, quien me enseñó el lado humano de la vida, a ponerme en el lugar de la otra persona y a ser empático.*
*Y a mi papá, Héctor, quien me enseñó que las cosas se consiguen con esfuerzo, sacrificio y siempre con alegría*

No tengo una técnica para enseñar la forma de sentirse bien, a pesar de la situación que una persona pueda estar pasando, yo hablo de mi experiencia y de las palabras que en ese momento se me puedan presentar.

# Nota del autor

Este libro está dedicado a todas aquellas personas que se sientan perdidas, a aquellas que no le encuentran sentido a la vida. Es para quienes suelen enfocarse en los problemas que revolotean en su mente, en vez de vislumbrar el lado positivo, provechoso y especial de la vida.

En este libro podrás sentir lo que yo siento. Sentirás bienestar, libertad y paz interior. Abundará en tu ser una sensación de empoderamiento y de ser capaz de tomar el control de tu propia vida.

No hay una clave mágica para cambiar los acontecimientos de tu vida de un día para otro. Lo que sí hay es un camino de bienestar que, al compenetrarte en él, comenzarás a vivir una vida con sentido, una vida que te demostrará tu razón de estar aquí y cuál es el siguiente paso para vivir con dicha, a plenitud.

# 1

Lo que más deseo en esta vida es sentirme bien.

# 2

Acepto que es difícil sentirme bien cuando los problemas abundan en mi vida.

# 3

Tengo problemas por los pensamientos que merodean en mi cabeza. Tengo problemas por mi reacción ante las circunstancias que enfrento en mi cotidianidad.

# 4

Aun así, al final de la tormenta siempre sale el sol. Para cada pensamiento de dolor, hay un sentir de alivio.

# 5

Lograrás pasar del dolor al alivio creando una conexión mental entre ambos.

## 6

Tu mente será una herramienta importante para transportarte de un pensamiento pesado a otro más sereno, más liviano.

# 7

Realiza cualquier actividad que te haga sentir mejor en comparación con los sentimientos negativos que te agobiaban antes de hacerla.

# 8

Tomarse algunos minutos diarios para reflexionar y pensar es una actividad. Salir al cine también lo es, al igual que escribir o bailar.

# 9

Realiza una actividad que te ayude a sentirte bien. Hazlo por el tiempo que sea necesario, hasta que llegues a un estado que sea cercano al de tu bienestar.

# 10

Es importante que tengas en cuenta que no siempre está mal cruzarse con piedras en el camino. No toda circunstancia negativa significa una caída.

# 11

La vida es un largo trayecto por recorrer. En ocasiones habrá circunstancias perjudiciales en nuestro camino; estas serán solo una brecha para luego atravesar hacia una mejor experiencia, y sacar de allí una enseñanza.

# 12

Ten en cuenta que la verdadera liberación se alcanzará cuando logres conectarte de manera trascendental con tus pensamientos.

# 13

El camino terrenal por la Tierra solo es pasajero. La liberación física es temporal. Podríamos desvanecernos en un abrir y cerrar de ojos.

# 14

Puede que tengas el control de tu liberación terrenal, así como puede salirse de tus manos.

# 15

La liberación terrenal es efímera y volátil; por esa razón, no es la verdadera liberación.

# 16

Aquella que puedes controlar y en la que puedas lograr un excelso grado de paz es la verdadera liberación.

# 17

Solo tú tienes el control absoluto de tus pensamientos. Nadie puede pensar por ti.

# 18

Si buscas sentirte mejor y más pleno contigo mismo de lo que te podrías sentir, procura realizar un gesto desinteresado y puro hacia otra persona o un animal. Luego, sé consciente de cómo llegarás a sentirte luego de haber llevado a cabo dicha acción.

# 19

Sentirás que todo tu ser se expande y abundarán maravillas por toda tu mente y todo tu cuerpo. Sentirás que levitas de relajación y, al mismo tiempo, estarás agradecido con la vida. Serás un puente, una especie de ángel que conseguirá mejorar o llenar de luz la vida de otro ser: humano o animal.

# 20

Tal vez, con tu acción, lograrías algo que no estaba al alcance de aquel ser por el que decidiste abogar. Tú, su canal de rescate, te convertirías en su alivio y salvación.

# 21

Mi mente está conformada por pensamientos que se dividen en dos vertientes: aquellos que me hacen sentir bien y en plenitud, y aquellos pensamientos que me carcomen y me hacen sentir mal.

# 22

Es inevitable tener pensamientos que te hacen sentir mal, pues, desde nuestro nacimiento estamos marcados a vivir eventualidades que nos afecten.

# 23

Así como nacimos con la vertiente de tener pensamientos negativos, también puedes recordar y pensar en cosas que te hagan sentir bien.

# 24

Balancea en tu cotidianidad tantos pensamientos positivos como puedas, hasta que se haga un hábito.

# 25

Puedes utilizar el teléfono o una libreta como herramienta para anotar aquellos pensamientos que te hagan sentir bien. Haz este procedimiento hasta que te acostumbres.

## 26

El primer paso para realizar tus anotaciones positivas es escoger un horario. El horario lo escoges tú; puede ser a cualquier hora del día. Si no tienes idea de cuál es el mejor momento para realizar tus apuntes, prueba en diferentes horas del día hasta que consigas alguna que sea de tu agrado.

# 27

Debes tener en cuenta que estos pensamientos de bienestar deben estar acompañados por acontecimientos que te hagan entrar en un estado de calma. Por ejemplo, después de dormir, después o durante la ducha, luego de acariciar a tu mascota, de hacer un acto de bondad, etc.

# 28

Recuerda anotar aquel pensamiento revitalizador que se te venga a la cabeza en primera instancia. ¿Por qué? Pues, de esa manera comienzas a acostumbrarte a recibir esa clase de pensamientos. Una vez que lo recibas una, dos, tres veces, vas a querer más, y eso es lo que pasará.

# 29

Si de verdad quieres recibir pensamientos de bienestar, tienes que hacer el trabajo requerido. De no hacerlo, simplemente recibirás lo que siempre has estado recibiendo: pensamientos que te causan malestar.

# 30

Un pensamiento de malestar conlleva sentimientos que te harán sentir igual.

# 31

Un sentimiento de malestar abraza fuertemente una acción de su misma naturaleza.

# 32

Una acción que proviene de un sentimiento de malestar se conoce como una acción negativa, la cual tendrá repercusiones para otro ser o para ti mismo.

# 33

La acción de abundancia será llevada a cabo con éxito cuando la hagas suceder en el momento adecuado. Debes tener en cuenta tu realidad, en un momento sano y tranquilo.

# 34

Todos tenemos deseos; nuestra consciencia sabe cuándo un deseo es sano y cuándo es todo lo contrario.

# 35

Mientras más tiempo le dediques al acto de sentirte bien haciendo determinadas cosas y pensando ciertos pensamientos, más consciente serás de tus deseos sanos.

# 36

Un deseo sano es aquel que tu consciencia considera que podría ser provechoso para ti. Es subjetivo; no necesariamente otra persona debe considerar el mismo pensamiento como algo beneficioso.

# 37

La diferencia entre ir tras un deseo sano y uno insano radica en cómo te sientes mientras vas en busca de ello.

# 38

Si sientes una carga positiva cuando vislumbras aquel deseo y, a su vez, sientes alegría y satisfacción al pensar en sus logros, estamos hablando de un deseo sano. A su vez, si te sientes pesado o decaído mientras te mentalizas sobre algún otro deseo y no te sientes motivado para llevarlo a cabo, estamos hablando de un deseo insano.

# 39

Mantener el equilibrio en nuestra vida es fundamental para la búsqueda de los deseos adecuados que queremos lograr.

## 40

Se trata de sentirte bien, aquí y ahora. Lograrás sentirte bien haciendo ciertas cosas y pensando determinados pensamientos, asimismo, yendo en búsqueda del logro de nuestros deseos.

# 41

Imagina. Me siento bien, pero alguien altera mi bienestar. En cierta medida es normal, pues hay una diferencia entre cómo te sientes en la actualidad y las circunstancias que te rodean en tu día a día.

# 42

Date permiso para sentirte mal.
Es normal sentirte mal.
Eres un ser humano, lo que implica que tienes sentimientos, y estos van a depender de tu habilidad de gestión mental y gestión emocional.

# 43

Eres el gestor de tus sentimientos; sí tienes control de tus circunstancias, no del todo.

# 44

Tu sentir y las circunstancias que tienen que ver con lo anterior son fenómenos totalmente diferentes, pero hay una estrecha conexión entre ambos.

# 45

Enfocarte en generar bienestar en otro es una manera de sentirte bien.

# 46

Tu trabajo es buscar maneras de sentirte bien; debes encontrar motivaciones para sentirte bien.

# 47

Tu trabajo también es suavizar los pensamientos que te hacen sentir mal y luchar contra ellos a toda costa; tienes la capacidad de hacerlo.

# 48

Cada acción que tú hagas, que provoque bienestar en otra persona, tiene un grado de repercusión emocional en ti.

# 49

Para que sientas más dinámicos los buenos gestos que realizas hacia los demás, podrías medir estos grados de emociones del uno al diez.

## 50

La presión del afuera, las personas o las circunstancias hará que quieras que las cosas pasen antes de lo que sabes que es sano para ti.

# 51

Para vivir una vida sana debes recordar los dos planos: el mental y el accionario. En el plano mental debes sentirte bien con lo que tienes y lo que eres. En el de la acción, debes encargarte de que las cosas sucedan en el tiempo que sea necesario para ti.

# 52

Hay circunstancias que son excepcionales; en algunas ocasiones debes actuar con la mayor brevedad posible, lo más pronto que puedas. La solución para ciertas eventualidades llegará si accionas y colaboras para ello; no puedes sentarte a esperar a que llegue por sí sola.

# 53

La clave para vivir una vida sana es tener un balance entre pensamientos motivacionales y los gestos de bienestar que realices para tu provecho y los de los demás que te rodean. Para tener pensamientos sanos debes entrar al mundo de la consciencia, al mundo del bienestar.

# 54

En el mundo de la consciencia existe la expansión, y esto es lo que lleva a que tengamos pensamientos más elevados, los cuales nos permiten liberarnos de los pensamientos estresantes, de los pensamientos encadenados al dolor.

# 55

Mientras no batalles y limpies tu mente de los pensamientos estresantes, no experimentarás la pureza de la consciencia.

# 56

La consciencia tiene sus sorpresas para ti.

# 57

Aun así, debes pedir permiso y tocar la puerta para entrar en los lugares más recónditos de la consciencia.

# 58

La casa de la consciencia no es una mansión. Es una casa tan pequeña por fuera que casi nadie le presta la atención requerida.

# 59

Recuerda, para poder entrar debes pedir permiso, y la consciencia siempre te lo dará. Te dará la bienvenida, pero te dirá que la abras con tu propia llave.

# 60

Cada persona posee una llave propia para entrar.

# 61

Nadie puede tener una llave idéntica a la tuya. No existe nadie en el mundo que tenga una llave igual a otra.

# 62

Esa llave es la propia liberación interior.

# 63

Si te sientes libre internamente, ingresarás a la casa de la consciencia.

# 64

La consciencia es humilde y sencilla por fuera, ya que no necesita demostrar grandezas externas.

Cuando necesita algo de afuera, sabe que le va a llegar en su momento indicado.

La fortaleza de la consciencia está dentro de su casa.

# 65

La consciencia únicamente premia al que está dentro de su casa.

# 66

El premio es el bienestar, el vivir una vida a plenitud, el estar en paz contigo mismo, el sentirte bien contigo mismo. Todo se basa en tu aspecto interno. Se refiere a tus sentimientos y al tipo de pensamientos que tienes sobre ti mismo y sobre los demás.

# 67

Y qué sucede con el afuera? ¿Qué sucede con las cosas? ¿Con lo material, con los logros, con las metas?

# 68

Una persona que logre entrar en la consciencia no vislumbra lo material. Es consciente de la importancia que tienen estos en el mundo terrenal; sin embargo, ya está satisfecha con los sentimientos que experimenta.

## 69

Ya logró el equilibrio y el bienestar con la práctica diaria, constante e interminable del ingreso a la casa de la consciencia.

# 70

Aquella persona que busca ingresar en la consciencia para vivir sus beneficios, gracias a ello, tiene un enorme impulso y motivación para conseguir las cosas que la vida nos ha proporcionado: lo material, el afecto de las personas, el dinero, el reconocimiento y absolutamente todo lo que uno pueda y quiera conseguir.

# 71

¿Eso significa que primero debo ocuparme de entrar en la casa de la consciencia para poder vivir tranquilo, en paz, en calma, y luego recibir el impulso para la búsqueda de mis metas?

# 72

La respuesta es no, o más bien, no precisamente.

No hay un orden definido.

Cada persona está viviendo una realidad muy distinta a la de las demás, y cada persona se encuentra en una posición distinta y única en relación con los otros seres humanos.

# 73

Enfócate en cómo te sientes, esa será tu guía, tu mapa en la travesía de lograr tu bienestar.

La estrategia que vayas a usar serán tus pensamientos. Tus pensamientos te dirán qué hacer y cómo accionar de manera adecuada.

Sin embargo, lo que te hará llegar hacia tu destino serán tus logros personales, como a la casa de tu consciencia, es tu propia acción.

Tienes que moverte, a donde sea, pero muévete; de esa forma llegarás a algún lado.

Pero si quieres moverte a la casa de tu consciencia, usa tu guía: el cómo te sientes.

Si es un pensamiento que te hace sentir bien, que te hace sentir mejor, significa que estás yendo por la ruta hacia tu consciencia.

# 74

Recuerda, tus pensamientos deben estar entrelazados con tus sentimientos. Si te enfocas en lo que quieres lograr, sin tener en cuenta cómo te sientes, podrías lograr tus metas y objetivos, pero cargando un fuerte malestar sobre tus hombros, y tendrías muchos baches —dolores— que pasar.

# 75

No digo que no alcances tus metas, porque lo lograrás si aplicas lo que tú consideras tus propios principios del éxito. Pero, si no escuchas cómo te sientes, pasarás por caminos dificultosos en algún momento de tu viaje.

# 76

Conseguirás la verdadera libertad cuando tus pensamientos estén libres de otros pensamientos que te aferren a la sensación de necesitar.

# 77

No hay un lugar específico para comenzar a buscar la libertad, la paz. El lugar es donde te encuentras ahora mismo.

# 78

Recuerda, tu propia sensación de bienestar es tu propia guía.

Mientras más te dejes llevar por ella, más cerca estarás de la sensación de libertad.

# 79

Tenemos que ser conscientes de que si estamos yendo por el camino emocional del bienestar, vamos a encontrarnos con baches emocionales, los cuales producirán aflicciones.

# 80

Mientras más alejados estemos del bienestar, nos toparemos con mayores tropiezos. En cambio, mientras más nos acerquemos al camino del bienestar, nuestro camino estará lleno de constantes bendiciones.

# 81

La decisión de tomar el camino del bienestar no nos excluye de sufrir algunas dificultades. El camino no estará absuelto de los problemas y las preocupaciones.

Es allí cuando debes repetirte constantemente: «Se me presentará lo que se me tenga que presentar, y yo seguiré en búsqueda de la sensación de libertad». Debes observar toda la perspectiva de la situación y reconocer: «La sensación de libertad ya está dentro de mí, solo que yo mismo la estoy obstaculizando con mis propios pensamientos habituales».

# 82

Mis propios pensamientos necesitan hacer el viaje desde el «me siento aprisionado, estoy atrapado» hacia el «me siento en paz, estoy tranquilo».

# 83

Hay algo bonito que sucede cuando estoy habituado a buscar cosas que me hacen sentir bien. Sucede cuando llega un día en el que simplemente me siento bien, sin saber por qué, sin interesarme la razón.

# 84

Existen dos maneras de ver la vida: verla como aquella persona que está conectada a su bienestar, y verla como aquel que no lo está.

# 85

La diferencia entre aquellos que están conectados con su bienestar y los que no lo están radica en la manera en que se sienten y cómo esto queda plasmado en sus vidas diarias.

El que está conectado a su sensación de bienestar vive con alegría, vive tranquilo, vive en paz, vive con plenitud, a pesar de que las circunstancias que se puedan presentar sean adversas, pero siempre predominarán estas sensaciones en esa persona.

## 86

Otra diferencia radica en lo que transmites a los demás.

Para esto no hay necesidad de andar vociferando: «Yo transmito esto».

La vida te pondrá a las personas y animales que te demuestren que están agradecidos por lo que tú les transmites: esa paz, esa tranquilidad, ese alivio; con tus palabras, con tus escritos, con tus actos.

# 87

Como bien ya sabes, sentir libertad viene de tu interior, es decir, viene de tu pensamiento.

El hecho de realizar aquella actividad que a ti te gusta y, a su vez, sentirte bien respecto a esa actividad, te trae bienestar, te trae libertad interior.

# 88

Lo que te diré a continuación te hará ver tu vida con una perspectiva esperanzadora. Cuando llegues al estado en el que tengas control pleno de tus pensamientos y sentimientos, lo material no será fundamental en tu día a día.

Te darás cuenta de la infinidad de sensaciones que hay que compensarán eso. Conocerás nuevas sensaciones y otro tipo de sentimientos enlazados con el compartir, dar y ofrecer la plenitud que ya tendrás.

# 89

Tener actividades pendientes y no llevarlas a cabo genera ansiedad.

Es normal tener estos pendientes, ya que es parte de la cotidianidad. Los quehaceres son parte de nuestro trabajo, de nuestra casa, familia o relaciones personales.

Todo marchará bien en la medida en que fluyamos al compás de nuestras actividades.

Pero si pensar en nuestras actividades nos genera alguna sensación de malestar, significa que algo no está fluyendo bien.

Si quieres sentirte libre internamente, organiza estas actividades pendientes y toma acción.

Verás y sentirás la diferencia.

# 90

Sentirse bien, sentirse libre, se encuentra más en nuestra forma de pensar que en nuestras circunstancias.

# 91

Si insistes en enlazar tu libertad a tus circunstancias, no lograrás sentirte libre. Nunca.

# 92

No tenemos el control ni la potestad de controlar los acontecimientos de nuestro exterior.

Tenemos influencia en lo que pasa y en lo que podría llegar a suceder.

# 93

¿Por qué queremos cambiar el afuera para sentirnos bien, y no el adentro?

Porque estamos identificados con ello, porque lo podemos ver, porque a través del esfuerzo y la acción hacemos que sucedan cosas.

El adentro es algo que no se ve, es invisible, parece que no estuviera a nuestro alcance. Es algo intangible.

Cambiar el adentro es cambiar nuestro pensamiento y, por ende, nuestra sensación.

# 94

Estamos acostumbrados a poder analizar, comparar, definir y decidir sobre las cosas del afuera, porque las podemos ver, pero, como no podemos hacer eso con lo que está dentro de nosotros, se nos hace más difícil, porque no lo podemos tocar, lo omitimos hasta llegar al punto en el que le restamos importancia.

No le prestamos ni le damos mucho interés al buen pensar, y sí al buen hacer.

## 95

No puedo darle la responsabilidad de sentirme bien a las demás personas, ni a las cosas, ni mucho menos a las circunstancias.

Si le entrego este poder a todos los demás, voy a sufrir en algún momento de mi vida.

# 96

La razón es sencilla: Todos ellos no tienen poder de decisión sobre lo que pienso, digo y hago.

# 97

Mi vida está constituida por lo que pienso, por lo que digo, por lo que hago y también por la forma en la que reacciono ante los eventos de mi día a día.

# 98

Es importante tener en cuenta que sentirse libre no significa que desde el primer momento en que soy consciente de esta verdad las cosas van a ir bien y cada vez mejor. No.

Sentirse libre significa que cada vez que pienso, digo, actúo y respondo de cierta forma que no me hace sentir bien, me hago la pregunta: «¿Haciendo qué cosa me puedo sentir mejor?»

99

Sentirse libre es sentirse hijo de la vida, porque eres un aprendiz eterno y feliz.

# 100

La clave para sentirse libre es actuar con humildad ante las situaciones que te coloque la vida y, a su vez, sentirse empoderado y dueño de tus pensamientos, palabras y acciones.

# 101

Si quieres sentirte verdaderamente bien, debes considerar que tienes un cuerpo al cual debes mantener fluido.

Si la energía de tu cuerpo no fluye, imposibilita el recorrido de tu mente porque hace que esta se preocupe por su aliado, el cuerpo.

# 102

Cuando la mente y el cuerpo están fluyendo a su ritmo normal, cuando están siendo bien tratados, no se están preocupando por ellas mismas, sino que usan las cualidades el uno del otro y crean una sinergia con un propósito en común: el bienestar y la libertad interior del ser.

# 103

Una vez que la energía de tu cuerpo y de tu mente fluyen con total normalidad por cierto tiempo, comienza a profundizarse y a querer experimentar otro tipo de sensaciones.

# 104

Es hora de la participación de la energía espiritual, la energía del alma, una energía más sutil.

La sensación que experimentas al activar esta energía espiritual tiene como cualidad el apoyo desinteresado hacia los demás.

# 105

Experimentarás un sinfín de cualidades nuevas. Tendrás ideas que te inspirarán a actuar de maneras determinadas con tu propio estilo. Esto traerá consigo una sensación de paz, alegría y satisfacción personal.

# 106

Recuerda, hay un aviso muy consistente en la vida. El memorándum se refiere al hecho de que se acabe tu vida sin haber logrado lo que tenías planeado hacer.

# 107

El miedo que le tienen las personas a la muerte es aquel que los ata y, a su vez, limita a unirse plenamente a la sensación de bienestar.

# 108

Deberíamos enfocarnos a diario en establecer un vínculo con nuestro bienestar, pero hacemos lo opuesto. Tenemos la tendencia a afianzar el vínculo con aquello que nos causa dolor y sufrimiento.

# 109

Puedes considerar la muerte como algo negativo, pero también la puedes ver como algo positivo.

Definitivamente debe ser mucho mejor estar en paz que estar sufriendo.

Pienso que la muerte es un estado de paz pura, un estado de tranquilidad, de desasosiego.

# 110

Pero he aquí un detalle muy importante: no puedo ver a la muerte como algo bueno o un estado de paz si primero no estoy bien con lo que soy y con lo que tengo.

No puedo tener esa percepción tan blanca si primero no me siento en armonía con el momento de mi vida que estoy viviendo.

# 111

Tiene relación directa lo que pienso respecto a la muerte con lo que pienso respecto a lo que estoy viviendo en este momento.

# 112

Sucede lo siguiente: si yo estoy en paz con el momento que estoy viviendo ahora mismo, el nivel de pensamiento que tengo es más puro, más limpio; hay menos dolor, menos resistencia.

# 113

Al ser un pensamiento más puro y con menos resistencia, tengo mayor capacidad de comprensión hacia la muerte.

Si nos hacemos un poco más amigables a la idea de la muerte, viviríamos la vida con un poco más de sentido; de lo contrario, podríamos vivir un poco más amargados.

# 114

La sensación de libertad no implica que vas a sentir aquello y te vas a quedar sin hacer nada, sin actuar. No.

## 115

Buscamos la sensación de libertad para que sea el impulso necesario hacia el accionar en el día a día.

# 116

La sensación de libertad viene de la inspiración que surge de adentro y te permite actuar de acuerdo con tu propósito de vida.

# 117

Tu propósito de vida adquiere significado con las acciones en las que influirás de manera positiva en la vida de los demás.

Una vez que tú realizas esta acción, la sensación que viene de ti es de plenitud, es de satisfacción, es de pureza.

# 118

Para poder pensar en los demás, definitivamente tienes que tener en equilibrio tu estado físico, mental y emocional.

Mientras no le prestes importancia a estos estados, será más difícil cubrir a cabalidad tu propósito de vida, ya que este solo puede ser explotado cuando tienes cubiertas tus otras necesidades más básicas.

# 119

Dedicarte a estas necesidades no significa que vas a dejar de actuar en tus otras necesidades más básicas.

Tú eres un ser holístico, esto significa que, si no le das el interés a tu cuerpo, en su momento él se va a resentir y te va a pasar factura, al igual que tu estado mental y emocional.

Todos estos estados deben tener y cumplir con un punto de equilibrio, donde sientas que todo fluye.

# 120

Lo bonito y agradable de tener esta sensación de libertad es que te permite ver las cosas de afuera desde una perspectiva de adentro, desde una perspectiva interior, desde tu plenitud.

# 121

Esto no significa que las cosas de afuera van a cambiar por tu sensación de libertad. No.

Significa que tienes una mejor reacción que la que tendrías si no tuvieras esta sensación de libertad.

# 122

La sensación de libertad te da control.

# 123

La sensación de libertad te permite tomar las mejores decisiones con respecto a tu bienestar, a lo que es más justo y provechoso para ti.

# 124

La sensación de libertad te da la facultad de ser comprensivo contigo mismo y con los demás.

## 125

La sensación de libertad te permite escuchar, porque estás abierto a aprender.

# 126

Sentirse bien con tu situación actual, en una perspectiva amplia, puede significar que, tal vez, en este momento podrías atravesar una situación dolorosa que te haga sentir fatal. Sin embargo, puedes, de alguna forma u otra, buscar razones para sentirte bien o, al menos, tratar de encontrar un poco de calma en medio de la tormenta.

# 127

Si practicas la acción de buscar luz en la oscuridad para sentirte mejor, comenzarás a crear de forma progresiva un espacio en tu mente para los pensamientos de bienestar.

# 128

Los pensamientos de bienestar no van a cambiar la situación por la que estés pasando, pero sí van a cambiar lo que pienses y sientas respecto a ello.

# 129

Esto es lo maravilloso de buscar una razón para sentirte bien, que con el tiempo adquieres cierto dominio del bienestar y, por ende, te sientes libre interiormente.

# 130

Cuando comienzas a limpiar una parte de ti, por más mínima que sea, con la práctica, comienzas a sentir gusto y atracción por aquello.

Tu habilidad para conectarte con ese acto de limpiar tus pensamientos va en aumento.

Mientras más limpios tengas tus pensamientos, más espacio tienes para recibir nuevos y más puros.

# 131

Tu bienestar sabe qué momento del día es el mejor para que te encuentres con él.

Tu bienestar sabe qué debes hacer para que te encuentres con él.

Tu bienestar también sabe qué debes dejar de hacer para que te encuentres con él.

Tu bienestar siempre está ahí, esperándote, para que se dé este magnífico encuentro, donde tú sentirás lo que él ya siente: plenitud, paz, armonía, tranquilidad.

# 132

Al buscar la manera de sentirte un poco mejor contigo mismo, estás creando espacio para que tú puedas llegar a donde tu bienestar ya está.

# 133

En algunas ocasiones, para que te puedas sentir mejor debes tomar decisiones que te harán sentir incómodo; probablemente tendrás que pasar por decisiones que te harán sentir un enorme peso en tus hombros, pero luego te encontrarás con esa sensación de mejoría.

# 134

El camino hacia la sensación del bienestar no siempre será un camino limpio, sin desperdicios, sin pensamientos estresantes.

No.

Muchas veces, cuando decides ir hacia el encuentro con el bienestar, tendrás que tropezar con situaciones que evitaste en algún momento de tu vida. Tendrás que conversar con aquella persona con la que no quisiste hacerlo, porque sabías que sería agotador o agobiante para ti. Tendrás que llevar a cabo aquellos pendientes que no hiciste durante mucho tiempo. Tendrás que hacer esto por tu propio sentir y bienestar, no por el de los demás.

Lo que tendrás que hacer te lo dictará tu propia mente, y lo sentirás en tu propio cuerpo.

# 135

Sabrás con total seguridad y entenderás a la perfección lo que tu mente y tu cuerpo te incitan a hacer.

Ten por seguro que así será.

# 136

Dependerá solo de ti si deseas escuchar y hacer caso a lo que tu mente y tu cuerpo te están diciendo, con la finalidad de que te acerques a la sensación de tu bienestar.

# 137

El camino al encuentro con tu bienestar puede ser tan fácil como difícil. Todo depende de ti.

Será tan fácil dependiendo del esmero que pongas en tu día a día. Dependerá de tu disposición para acercarte a la sensación de bienestar.

Será tan difícil mientras el encuentro con la sensación de tu bienestar sea algo fortuito para ti.

## 138

Mientras pienses y consideres que la sensación de bienestar, la sensación de plenitud, de tranquilidad y de armonía será algo de lo que no tienes control, será interminablemente difícil.

# 139

No siempre tienes el pensamiento actual en tu estado de bienestar.

No significa que debas culparte.

Lo que sí puedes hacer es querer buscar un pensamiento que te haga sentir mejor que el actual.

# 140

No hay un límite de pensamientos de bienestar.

No, no lo hay.

Donde haya un pensamiento de malestar, siempre habrá uno de bienestar, más puro, más ligero, más liviano, uno que te haga sentir mejor.

# 141

A veces, tenemos que realizar ciertas actividades para poder liberar el camino del pensamiento de bienestar.

# 142

El pensamiento de bienestar puede estar obstaculizado por otros pensamientos sucios, oscuros, manchados de cólera, odio o culpa.

# 143

No te preocupes. Hay pensamientos, como acciones concretas, que nos pueden ayudar a liberarnos de esta cadena emocional.

# 144

Pero no hay nada mejor que una acción que provenga de un pensamiento de alivio.

Esto es una acción inspirada.

Inspirada por la tranquilidad, por la paz, por la armonía.

# 145

Responde con sinceridad. ¿Alguna vez te has valorado a ti mismo? ¿Cuáles son las cualidades que tienes? Enuméralas. Dilo en voz alta o escríbelo.

Ahora, escoge una de ellas y haz una breve historia con lo primero que se te venga a la mente.

Por ejemplo: soy una persona muy empática, cuando alguien me cuenta algo, yo, rápidamente, me pongo en su lugar, en lo emocional, esto me permite fluir en la conversación y crear una conexión con la otra persona.

Le hace sentir a la otra persona que estoy interesado en lo que me está diciendo y ello genera que me tenga más respeto.

# 146

Lo que acabamos de hacer es identificar algo bueno, algo positivo, que nosotros tengamos y ampliarlo emocionalmente. Esto nos da el regalo de sentirnos bien o también puedes considerarlo como sentirte mejor que antes.

# 147

No solo se trata de que te sentirás mejor en este momento y en todas las veces que lo lleves a cabo. Se trata de practicar este ejercicio todas las veces que sea posible; te harás tan fuerte con esta sensación que ella misma te consumirá y se harán uno solo.

Cuando estés lejos de ella, te llamará y te jalará.

Cuando estés lejos vociferará: «¡Hey! Ven por aquí, el camino para que te sientas como yo me siento es este», y te guiará de nuevo por el camino correcto.

# 148

Si no practicas el sentirte bien, se te hará más difícil reconocer el bienestar, se te hará más difícil reconocer su llamado.

Si quieres que sea algo de suma facilidad, entonces practícalo y así lo irás conociendo más de cerca.

# 149

Recuerda, esa sensación de bienestar es tu amiga, es tu confidente. Pero hay una cosa que no sabes: es mejor que tú.

Tiene algo que tú no tienes.

Tiene desarrollada la habilidad de sentirse bien en todo momento, sin excepción.

# 150

El camino al bienestar está siempre presente.

Pero, así como está siempre presente, también se encuentra bloqueado.

Cada día que despiertas es tu trabajo limpiar y despejar ese camino emocional; de esa manera, lograrás llegar.

# 151

Cómo se debe limpiarlo?
Dime la fórmula mágica.
Dime el secreto.

# 152

El secreto es que no hay ningún secreto. No hay una manera específica de limpiar el camino.

Va a depender de donde te encuentres actualmente.

# 153

Si quieres saber qué hacer para limpiarlo, haz algo que te haga sentir bien, algo en el cual tú no tengas ningún tipo de sentimiento contrario, ningún tipo de dolor, ningún prejuicio.

# 154

Una vez que lo hagas, y si lo haces de manera repetitiva, mucho mejor, la vida te mostrará, de una manera en que tú seas consciente, cuál es el siguiente paso para limpiar el camino.

Si sigues este patrón, siempre estarás extremadamente cerca del bienestar.

# 155

El bienestar te permite desarrollar tus habilidades.

El bienestar permite que conozcas tus debilidades y logres estar en paz con ellas.

# 156

Seguir el camino emocional del bienestar se vuelve muy complicado cuando nuestra realidad nos demuestra muchas obligaciones y circunstancias con las cuales no estamos nada satisfechos.

# 157

Sin embargo, buscar repetidas veces una manera de sentirnos bien, tomando como motivación cualquier acción que nos provoque una emoción positiva, es una de las maneras de acercarnos al encuentro esperado con el bienestar anhelado.

Al hacer esto, estamos atravesando las capas del bienestar.

# 158

Digamos que el bienestar está cubierto por capas de resistencia emocional que, únicamente, han sido creadas por nosotros, por la constante manera de tener pensamientos que nos hacen sentir mal.

# 159

Si de verdad quieres tener un encuentro con el bienestar, está en ti pedirle permiso para que te deje pasar; debes tener la disposición de hacerlo.

# 160

Una vez que tú le pides permiso, automáticamente lo tendrás; van a quitar el cerrojo de la puerta y ahora te dirán: Muy bien, ahora tú coloca tu llave.

# 161

Tu llave es lo que estás pensando referente al tema en cuestión, y vas a saber si es la llave correcta cuando te sientas bien o un poco mejor mientras vas pensando en ello.

# 162

Mientras vas avanzando en el camino del bienestar, comenzarás a notar que cada vez necesitarás de menos cosas para sentirte bien, de menos personas para sentirte bien y de menos acontecimientos para sentirte bien.

# 163

Eso no significa que ahora vas a prescindir de las personas, cosas o acontecimientos, no.

Eres un ser humano, y para moverte en este mundo, todos necesitamos del otro, en cierta medida.

Pero lo que quieres obtener, la esencia del bienestar viniendo de ellos, ahora lo puedes obtener de ti mismo, acercándote por el camino del bienestar.

# Lecturas recomendadas

*Momentos de reflexión. Búscate a ti mismo y te amarás, encuéntrate y serás feliz* (Ruldemar Farias Bueno)

*Frases (Volumen I). Vivir es nadar en un océano lleno de posibilidades* (Jenny Arias)

*108 reflexiones en el camino espiritual* (Leonel Ramírez Godoy)

www.ingramcontent.com/pod-product-compliance
Lightning Source LLC
LaVergne TN
LVHW041219150826
845673LV00001B/451

*9786125184108*